Ute Iparraguirre De las Casas
Gudrun Schmitt

# Weihnachtliche 3D-Serviettentechnik

# Vasen (Abb. Seite 1)

**Material**

- 2 Vasen aus Glas, ca. 19,5 cm hoch
- 1 Serviette mit Schafen, Tannen, Türmen
- Serviettenkleber
- Modelliermasse
- Bouillondraht in Gold
- 6 Pailletten in Lila
- 6 Stabperlen in Gold, 0,5 cm lang
- Windowcolor-Konturenfarbe in Gold
- Ultra Gloss-Farbe in Elfenbein
- Kleiner Schwamm

Grundieren Sie die Vasen in Elfenbein. Hierzu tupfen Sie die Farbe mit einem Schwämmchen auf. Die Motive werden auf Modelliermasse angebracht. Ziehen Sie die Pailletten und Perlen laut Abbildung auf den Bouillondraht und umwickeln Sie damit die Tannen, nachdem sie etwas angetrocknet sind. Die Türme werden nur mit Draht umwickelt. Malen Sie das Muster mit Windowcolor-Konturenfarbe frei Hand auf die Vasen. Ist alles gut getrocknet, können Sie die Motive mit Heißkleber aufkleben.

Die Beschreibung der Kerze finden Sie auf Seite 25.

Wir danken der Firma Rayher Hobby GmbH, Laupheim, für die großzügige Bereitstellung von Materialien.

Fotos: frechverlag GmbH + Co. Druck KG, 70499 Stuttgart;
Fotostudio Ullrich & Co., Renningen



Auflage: 5. 4. 3. 2. 1. | Letzte Zahlen
Jahr: 2005 2004 2003 2002 2001 | maßgebend



**frechverlag** GmbH + Co. Druck KG, 70499 Stuttgart

ISBN 3-7724-2854-1 · Best.-Nr. 2854

Druck: frechverlag GmbH + Co. Druck KG, 70499 Stuttgart

# Liebe Bastelfreunde,

gerade zur Weihnachtszeit möchten wir es ganz besonders schön zu Hause haben.

Stimmungsvolle Dekorationen gelingen mit der Serviettentechnik, mit der Sie wunderschöne Kunstwerke kreieren können, bestimmt. Eine Erweiterung der Serviettentechnik ist das Arbeiten plastischer 3D-Effekte. Hierzu werden weihnachtliche Servietten-Motive, die Sie in riesiger Auswahl im Handel erhalten, einfach auf Modelliermasse oder Windradfolie angebracht und auf den verschiedensten Gegenständen dekoriert. So entstehen im Handumdrehen fantastisch plastische Effekte.

Schauen Sie rein und probieren Sie es einfach aus, sicherlich wird es Ihnen genauso viel Spaß machen wie uns!

Gudrun Schmitt

Ute Iparraguirre De las Casas

## Das Bemalen der Objekte

Zum Bemalen haben wir Bastelfarbe und Ultra Gloss-Farbe verwendet. Ultra Gloss ist eine spezielle Farbe, die auf nicht saugfähigen Untergründen, wie z. B. Metall, Plastik oder Glas, haftet. Sie können die Farbe mit dem Pinsel oder mit dem Schwamm auftragen. Diese Farbe kann auch im Backofen eingebrannt werden.

Um einen antiken Effekt zu erzielen, tragen Sie den Krakelierlack auf bereits mit Bastelfarbe grundierte und getrocknete Gegenstände auf. Lassen Sie ihn trocknen. Mit einer anderen Farbe können Sie ihn übermalen. Beim Trocknen reißt die obere Farbschicht, sodass in den Rissen die Untergrundfarbe sichtbar wird.

## Das wird benötigt

- Servietten mit verschiedenen Motiven
- Serviettenkleber (evtl. mit Glitzereffekt)
- Leichte, lufttrocknende Modelliermasse
- Windradfolie, 0,2 mm stark
- Milchige Laternenfolie, 0,2 mm stark
- Bastelfarbe
- Spitze Schere
- Dünner Bleistift
- Weicher, flacher Pinsel
- Kleine Metallspachtel
- Dünner, spitzer Pinsel
- Evtl. Wellholz
- Arbeitsunterlage
- Cutter
- Heißkleber
- Abstandsband
- Verschiedene Objekte zum Dekorieren

## So funktioniert die Serviettentechnik

Schneiden Sie das Motiv mit einer Schere aus der Serviette aus. Die obere, bedruckte Zellstofflage wird vorsichtig von den restlichen Schichten gelöst. Streichen Sie den Serviettenkleber auf den Untergrund des zu dekorierenden Materials. Drücken Sie das Serviettenmotiv mit den Fingern leicht an und streichen Sie darüber den Kleber mit einem Pinsel. Arbeiten Sie von der Motivmitte nach außen hin. Drücken Sie den Pinsel nicht zu fest auf, da das dünne Serviettenmotiv sonst reißt.

## Die 3D-Serviettentechnik

Für die 3D-Technik haben wir leichte, lufttrocknende Modelliermasse verwendet. Möchten Sie z. B. ein Schneemannmotiv in der 3D-Technik gestalten, drücken oder rollen Sie etwas Modelliermasse ca. 2 mm dick auf eine Arbeitsunterlage. Streichen Sie Serviettenkleber auf die Masse und bringen Sie den ausgeschnittenen Schneemann an. Dann wird die überstehende Modelliermasse mit einem Cutter oder einer Schere weggeschnitten. Dies geht

am besten, wenn sie ca. 1 Stunde getrocknet ist. Den weißen Rand der Modelliermasse können Sie nach dem Trocknen mit entsprechender Bastelfarbe bemalen.
Lassen Sie das Motiv ca. 1 Tag trocknen. Legen Sie es dazu auf eine glatte Unterlage (z. B. auf Folie). Motive, die z.B. auf einem Tellerrand platziert werden sollen, können Sie der Wölbung anpassen, indem Sie sie schon in halb trockenem Zustand anbringen. Sie lassen sich dementsprechend formen. Motive, die schon komplett getrocknet sind, lassen sich nur auf ebenen Flächen dekorieren.
Bei runden Motiven, die besonders hervorgehoben werden sollen, wie z. B. einer Nikolausnase, formen Sie aus der Modelliermasse eine der Nase entsprechende Kugel und drücken diese etwas flach. Kleben Sie die Modelliermasse auf die Rückseite der Serviettenschicht an die Stelle, die hervorgehoben werden soll. Drehen Sie die Serviette dann um und kleben Sie sie auf die größere Modelliermassen-Fläche. Überstehende Ränder werden abgeschnitten.
Bei Lebkuchen z. B. formen Sie entsprechend der Form die Modelliermasse (in der Mitte höher, am Rand flach) und verfahren wie oben beschrieben. In jedem Fall sollten Sie sich zum Formen der Modelliermasse am ausgewählten Serviettenmotiv orientieren.
Die Motive werden auf der zu dekorierenden Fläche mit Heißkleber oder Serviettenkleber angebracht.
Teller o. Ä. können Sie anschließend mit Klarlack überziehen. Dadurch kann man den Teller mit einem feuchten Tuch reinigen.
Viele Motive in diesem Buch sind mit Strukturschnee verziert. Diesen haben wir mit einem kleinen Metallspachtel aufgetragen. In den feuchten Schnee können Sie Glimmer streuen. Beachten Sie bitte, dass der Strukturschnee mehrere Stunden Trocknungszeit hat.

## TIPP

Auf dunklen Untergründen kommen die Serviettenmotive nicht richtig zur Geltung. Hellen Sie deshalb den Untergrund mit weißer Bastelfarbe auf. Legen Sie dazu das ausgeschnittene Motiv auf die Stelle, auf die Sie es kleben wollen. Zeichnen Sie die Kontur mit einem Bleistift nach. Nun können Sie diese Fläche weiß ausmalen. Lassen Sie die Farbe gut trocknen. Danach können Sie das Serviettenmotiv wie oben beschrieben aufkleben.

## Motive auf Windradfolie

Mit auf Windradfolie aufgebrachten Serviettenmotiven können Sie ebenfalls schöne 3D-Effekte erzielen. Hierzu schneiden Sie ein und dasselbe Serviettenmotiv mehrmals grob aus und kleben es jeweils auf Windradfolie. Nach dem Trocknen werden die Motive oder Teile ausgeschnitten und mit Abstandsband übereinander geklebt. Am Beispiel der Karte links sehen Sie, wie die einzelnen Schichten aufgebaut sind.

# Lustiger Schneemann

## Wandteller

Der Wandteller wird mit der hellblauen Bastelfarbe grundiert. Nach dem Trocknen tragen Sie in der Mitte den Krakelierlack auf. Ist er getrocknet, wird die Mitte in Elfenbein übermalt. Auch der Rand wird mit Elfenbein gemäß der Abbildung verziert.
Schneiden Sie die Motive aus und bringen Sie den Schneemann in der Mitte an. Die plastischen Sterne werden auf Modelliermasse gearbeitet und gemäß der Abbildung auf den Tellerrand geklebt. Diesen verzieren Sie außerdem mit der Windowcolor-Konturenfarbe.

### Material

- 1 Wandteller aus Holz, ø 19 cm
- 1 Serviette mit Schneemann
- 1 Serviette mit Sternen
- Bastelfarbe in Hellblau und Elfenbein
- Krakelierlack
- Serviettenkleber
- Windowcolor-Konturenfarbe in Silber
- Modelliermasse

### Material

- 1 Serviette mit Schneemann
- 1 Serviette mit Sternen
- Rest Tonkarton in Hellblau, 27 cm x 14,8 cm
- Rest Maulbeerbaumpapier in Weiß, 13 cm x 14,6 cm
- Metallfolie in Silber, 12,5 cm x 11 cm, 0,1 mm stark
- Modelliermasse
- Ultra Gloss-Farbe in Elfenbein
- Windowcolor-Konturenfarbe in Silber
- Naturbast in Hellblau, ca. 36 cm lang
- Serviettenkleber
- Strukturschnee
- Kleiner Schwamm
- Reliefschere
- Irisierender Glimmer

## Karte

Schneiden Sie die Karte entsprechend der Maße aus Tonkarton zu. Die Metallfolie wird mit der Reliefschere zugeschnitten und mit der Ultra Gloss-Farbe betupft. Verwenden Sie hierzu einen kleinen Schwamm.
Schneiden Sie den Schneemann aus. Kopf und Bauch werden mit einer entsprechend großen Kugel Modelliermasse unterlegt. Nun bringen Sie ihn mit Serviettenkleber auf der Metallfolie an. Hut und Schal werden nochmals separat auf Modelliermasse gearbeitet und ebenfalls mit Serviettenkleber auf dem Schneemann angebracht. Kleben Sie die so dekorierte Metallfolie und die auf Modelliermasse gearbeiteten Sterne gemäß der Abbildung auf die Karte. Schneiden Sie die obere, rechte Ecke der Karte mit der Reliefschere ab und kleben Sie sie auf die untere rechte Ecke der Karte. Das Maulbeerbaumpapier wird gemäß der Abbildung hinter die Karte geklebt.
Anschließend verzieren Sie die Karte mit der Konturenfarbe und binden den Bast um sie. Zum Schluss wird der Strukturschnee laut Abbildung aufgetragen. In den feuchten Schnee streuen Sie Glitter.

## Stecker

### Material

- 2 Holzstecker:
  Stern: ø ca. 16 cm
  Komet: ca. 14 cm x 7 cm
- 1 Serviette mit Schneemann
- 1 Serviette mit Sternen
- Modelliermasse
- Serviettenkleber
- Rest Metallfolie in Silber, 3 cm x 3 cm, 0,1 mm stark
- Naturbast in Hellblau, 2 x 40 cm lang
- Dünner Silberdraht, ca. 150 cm lang
- 4 Pailletten in Silber
- Bastelfarbe in Hellblau
- Strukturschnee
- Irisierender Glimmer

Grundieren Sie beide Stecker mit der hellblauen Bastelfarbe.
Für den Schneemann-Stecker werden Kopf und Bauch des Schneemanns mit einer der Form angepassten flachen Kugel aus Modelliermasse unterlegt. Befestigen Sie das Motiv mit Serviettenkleber auf dem Stecker. Stern, Hut und Schal werden nochmals separat auf Modelliermasse angebracht und auf dem Schneemann mit Serviettenkleber fixiert.
Für den Kometen wird der einzelne Stern aus Metallfolie entsprechend der Sterne auf der Serviette ausgeschnitten. Die Sterne bringen Sie auf Modelliermasse an.
Fixieren Sie die auf Modelliermasse gearbeiteten Motive mit etwas Heißkleber oder Serviettenkleber auf den Steckern. Den Strukturschnee tragen Sie laut Abbildung auf und streuen den Glimmer ein. Ziehen Sie die Pailletten auf den Silberdraht und wickeln Sie diesen um den Kometen. Anfang und Ende des Drahtes werden zusammengedreht.
Zum Schluss werden die Schleifen aus Bast um die Stäbe gebunden.

# Der Weihnachtsmann kommt!

## Waldhaus

(Abbildung auf Seite 10/11)

**Material**

- 1 Waldhütte aus Ästen in Weiß
- 1 Serviette mit Nikolaus
- 1 Serviette mit Geschenken
- 1 Serviette mit Sternen
- 1 Serviette mit Tannenbäumen, Herzen, Stiefeln
- Modelliermasse
- Rest Tonkarton in Weiß, 15 cm x 15 cm
- Strukturschnee
- Tannengirlande, ca. 150 cm lang
- Serviettenkleber
- Plusterfarbe in Weiß
- Föhn

Bringen Sie alle Motive auf Modelliermasse auf. Bei dem Weihnachtsmann unterlegen Sie Wangen und Nase zunächst mit einer entsprechend großen Kugel aus Modelliermasse und bringen ihn anschließend flächig auf einem Stück ausgewellter Modelliermasse an. Nun kleben Sie ihn auf weißen Tonkarton und schneiden ihn entlang der Konturen aus. Tragen Sie die Plusterfarbe laut Abbildung auf und plustern Sie sie mit dem Föhn auf. Verzieren Sie die Motive mit etwas Strukturschnee und bringen Sie sie mit Heißkleber an der Waldhütte an. Zum Schluss wird die Tannengirlande um das Haus und den Baum gewickelt.

## Türschild

Bemalen Sie das Türschild laut Abbildung mit der Bastelfarbe. Sterne und Geschenke werden auf Modelliermasse aufgebracht. Nase und Wange des Nikolaus werden zunächst mit entspechend großen Kugeln aus Modelliermasse unterlegt. Anschließend wird der Nikolaus auf der ausgewellten Modelliermasse angebracht und nach dem Trocknen entlang der Konturen ausgeschnitten. Die Tasche wird nochmals separat auf Modelliermasse gearbeitet und mit Serviettenkleber angebracht. Tragen Sie die Plusterfarbe auf und plustern Sie sie mit dem Föhn auf. Dann werden alle Motive mit Heißkleber auf dem Türschild angebracht. Zum Schluss tragen Sie etwas Strukturschnee und Glimmer auf.

**Material**

- 1 Türschild aus Holz, 13 cm x 18,5 cm
- 1 Serviette mit Nikolaus
- 1 Serviette mit Geschenken
- Modelliermasse
- Bastelfarbe in Dunkelblau, Rot und Grün
- Plusterfarbe in Weiß
- Serviettenkleber
- Strukturschnee
- Föhn
- Irisierender Glimmer

MERRY
CHRISTMAS

# Der Weihnachtsmann kommt!

(Beschreibungen auf Seite 9 und 12)

## Rentier

(Abbildung auf Seite 10/11)

**Material**

- 1 Rentier aus Ästen in Weiß
- 1 Serviette mit Geschenken
- 1 Serviette mit Stiefeln
- Modelliermasse
- Organzaschlauch in Natur, 8 cm breit, 30 cm lang
- Satinband in Rot, 1,5 cm breit, ca. 20 cm lang
- Satinband in Blau, 0,5 cm breit, 2 x 18 cm lang
- 1 Metallglöckchen, ø 1,6 cm
- Serviettenkleber mit Silberglitter
- Etwas Watte

Teilen Sie den Organzaschlauch in zwei Hälften, sodass zwei Säckchen entstehen. Diese füllen Sie mit etwas Watte und verschließen sie mit dem blauen Satinband.
Die Serviettenmotive werden auf Modelliermasse aufgebracht, nach dem Trocknen ausgeschnitten und mit etwas Heißkleber auf den Säckchen bzw. am Geweih des Rentieres fixiert. Die Säckchen bringen Sie ebenso an. Binden Sie die rote Schleife mit dem Glöckchen um den Rentierhals.

# Leckere Lebkuchen

## Dose

**Material**

- 1 Metalldose, 14,3 cm x 10,2 cm x 7 cm
- 1 Serviette mit Lebkuchen
- Modelliermasse
- Strukturschnee
- Serviettenkleber mit Silberglitter
- Ultra Gloss-Farbe in Beige
- Kleiner Schwamm

Grundieren Sie die Metalldose mit der beigen Farbe. Diese tragen Sie mit einem kleinen Schwamm auf. Die Lebkuchen und die Mandeln auf dem Deckel werden auf Modelliermasse angebracht und dann mit Serviettenkleber aufgeklebt. Bringen Sie die anderen Motive ebenfalls mit Serviettenkleber gemäß der Abbildung flach auf der Dose an. Der Strukturschnee wird zum Schluss aufgetragen.

## Plätzchenteller

**Material**

- 1 Holzteller, ø 24 cm
- 1 Serviette mit Lebkuchen
- Bastelfarbe in Gold
- Plusterfarbe in Weiß
- Serviettenkleber
- Strukturschnee
- Modelliermasse

Grundieren Sie den Teller mit der goldenen Farbe. Einige Lebkuchen werden auf Modelliermasse aufgebracht, andere bringen Sie direkt auf dem Teller an.
Der Tellerrand wird mit Plusterfarbe verziert. Zum Schluss bemalen Sie die Motive noch mit Strukturschnee.

# Romantische Engel

## Kugel

Grundieren Sie die Scheibe mit der Ultra Gloss-Farbe. Hierzu haben wir einen Schwamm verwendet. Streuen Sie den Flimmer in die noch nasse Farbe.
Ein Engel wird direkt auf die Einlegescheibe geklebt, der andere wird auf Windradfolie aufgebracht. Die Laternen und Sterne haben wir ebenfalls auf Windradfolie geklebt.
Kleben Sie den Engel auf der Folie mit Abstandsband versetzt über jenen auf der Scheibe. Die Laternen und Sterne auf Folie bringen Sie an den entsprechenden Stellen mit Abstandsband an. Nun können Sie den Strukturschnee laut Abbildung auftragen. Legen Sie die Scheibe in die Kugel und verschließen Sie diese. Legen Sie das breite Band zu einer Schleife, binden Sie das Satinband darum und bringen Sie es mit Heißkleber auf der Kugel an. Nun können Sie die Kugel mit Satinband aufhängen.

### Material

- 1 Plastikkugel, teilbar, ø 14 cm
- 1 Einlegescheibe aus Plastik, ø 14 cm
- 1 Serviette mit Engeln
- Rest dünne Windradfolie, 0,2 mm stark
- Schleifenband in Silber, 5 cm breit, 60 cm lang
- Satinband in Weiß, 0,7 cm breit, 40 cm für Schleife, 60 cm zum Aufhängen
- Serviettenkleber
- Ultra Gloss-Farbe in Blau
- Flimmer in Silber
- Abstandsband
- Strukturschnee
- Kleiner Schwamm

## Dose

### Material

- 1 Styropordose, 13 cm x 13 cm
- 1 Serviette mit Engel
- Bastelfarbe in Blau
- Strukturschnee
- Abstandsband
- Serviettenkleber
- Rest dünne Windradfolie, 0,2 mm stark
- Schleifenband in Silber, 5 cm breit, 40 cm lang
- Satinband in Weiß, 0,7 cm breit, 20 cm lang

Grundieren Sie die Dose in Blau. Tragen Sie den Strukturschnee laut Abbildung auf. Der Engel und die Sterne werden auf Windradfolie geklebt. Das Buch bringen Sie noch einmal separat auf Windradfolie auf und fixieren es dann mit Abstandsband an der entsprechenden Stelle auf dem Engel.
Kleben Sie die Motive mit Abstandsband auf die Dose. Binden Sie das breite Band zu einer Schleife, knoten Sie das Satinband um deren Mitte und kleben Sie sie mit Heißkleber auf die Dose.

# Verschneite Winterlandschaft

(Beschreibungen auf Seite 18)

# Verschneite Winterlandschaft

(Abbildungen auf Seite 16/17)

## Dose

### Material

- 1 Pappdose mit Einsatz (Kugel), ø 12 cm
- 1 Serviette mit Winterlandschaft
- Strukturschnee
- Bastelfarbe in Elfenbein
- Serviettenkleber mit Silberglitter
- Modelliermasse

Grundieren Sie die Dose mit der Bastelfarbe. Kleben Sie das Serviettenmotiv auf den Pappeinsatz der Dose. Zuvor erhöhen Sie die Hausdächer und die Kirchturmspitze mit Modelliermasse, indem Sie diese auf der Rückseite der Serviette mit Serviettenkleber anbringen. Verzieren Sie die Winterlandschaft mit etwas Strukturschnee. Setzen Sie dann die Kugel in den Doseneinsatz und kleben Sie den Pappeinsatz dahinter. Einige Tannen werden auf Modelliermasse befestigt, ausgeschnitten und auf dem Dosenrand fixiert. Zum Schluss tragen Sie den Strukturschnee gemäß der Abbildung auf.

## Kugel

### Material

- 1 Plastikkugel, teilbar, ø 14 cm
- 1 Einlegescheibe aus Plastik, ø 14 cm
- 1 Serviette mit Winterlandschaft
- Schleifenband in Weiß/Gold kariert, 10 cm breit, 60 cm lang
- Satinband in Weiß, 0,7 cm breit, 40 cm für Schleife, ca. 60 cm zum Aufhängen
- Serviettenkleber mit Silberglitter
- Windowcolor-Konturenfarbe in Gold
- Modelliermasse
- Strukturschnee

Kleben Sie die Landschaft im Stern ein Mal direkt auf die Einlegescheibe. Auf die Dächer und auf Teile der Schneefläche geben Sie etwas Modelliermasse. Nun wird das gleiche Motivteil nochmals ausgeschnitten und mit Serviettenkleber über der Modelliermasse angebracht. Nach dem Trocknen wird der Stern mit der Konturenfarbe umrandet und der Strukturschnee aufgetragen. Ist alles trocken, legen Sie die Scheibe in die Kugel und verschließen diese.
Binden Sie das breite Band zu einer Schleife und kleben Sie diese mit Heißkleber vor die Kugelaufhängung. Zum Schluss wird noch das weiße Satinband durch die Öse gezogen und die Kugel aufgehängt.

## Übertopf

### Material

- 1 Tonübertopf, 13,5 cm x 13,5 cm x 11 cm
- 4 Servietten mit Winterlandschaft
- 1 Serviette mit Sternen
- Modelliermasse
- Bastelfarbe in Elfenbein
- Serviettenkleber mit Silberglitter
- Strukturschnee

Grundieren Sie den Übertopf mit der elfenbeinfarbenen Bastelfarbe. Bringen Sie die Häuser laut Abbildung direkt auf dem Topf mit Serviettenkleber an. Bestreichen Sie dann den gesamten Topf mit dem Serviettenkleber, sodass er überall glitzert. Die Sterne werden modelliert und angebracht, solange sie noch nicht ganz getrocknet sind. Den Strukturschnee können Sie zum Schluss auftragen.

# Festliches Tablett

Grundieren Sie das Tablett mit der lila Bastelfarbe. Der Krakelierlack wird in der Mitte des Tabletts aufgetragen. Nach dem Trocknen überstreichen Sie die Fläche in Elfenbein. Bringen Sie die Motive auf der Stellfläche an. Die Sterne und der Mond werden auf Modelliermasse angebracht. Die Ränder haben wir mit goldener Bastelfarbe bemalt. Umwickeln Sie fünf Motive, nachdem Sie etwas angetrocknet sind, mit Draht und bringen Sie sie dann mit Heißkleber auf dem Rand an. Zum Schluss tragen Sie die Konturenfarbe gemäß der Abbildung auf.

## Material

- 1 Holztablett, oval, ca. 27 cm x 15 cm
- 1 Serviette mit Schafen, Tannen, Turm
- Modelliermasse
- Bastelfarbe in Lila, Elfenbein und Gold
- Krakelierlack
- Bouillondraht in Gold, 5 x 10 cm
- Windowcolor-Konturenfarbe in Gold
- Serviettenkleber

# Tischparavent

## Material

- 1 dreiteiliger Tischparavent in Gold, 17 cm hoch
- 1 Serviette mit Schafen, Tannen, Turm
- Modelliermasse
- Dünne, milchige Laternenfolie, 3 x 10,5 cm x 12 cm, 0,2 mm stark
- Serviettenkleber
- Bouillondraht in Gold, 3 x 20 cm, 2 x 10 cm
- 5 Pailletten in Lila
- 3 Stabperlen in Gold, 0,5 cm lang
- Windowcolor-Konturenfarbe in Gold
- Bastelspray in Gold
- Bastelfarbe in Gold
- Rest Tonkarton

Schneiden Sie zunächst aus dem Tonkarton zwei Quadrate mit den Maßen 5 cm x 5 cm und drei Rechtecke mit den Maßen 3,5 cm x 8,5 cm zu. Diese legen Sie lt. Abbildung auf die zugeschnittene Laternenfolie und besprühen sie mit dem Goldspray. Ist das Spray gut getrocknet, können Sie die Abdeckungen aus Tonkarton abnehmen und mit der Windowcolor-Konturenfarbe die Muster aufmalen. Bringen Sie bis auf die Schafe alle Motive auf Modelliermasse an und schneiden Sie sie nach dem Trocknen entlang der Konturen aus. Für die Schafkörper formen Sie kleine Kügelchen aus der Modelliermasse und bringen Sie von links auf die Serviette mit etwas Serviettenkleber an. Dann werden die Schäfchen auf die Laternenfolie aufgeklebt. Die Ränder der Sterne, Tannen und Häuser können Sie mit goldener Bastelfarbe bemalen.

Ziehen Sie die Pailletten und die Perlen auf den Draht und wickeln Sie diesen um die Tannen. Die Sterne und der Turm werden ebenfalls mit Draht umwickelt. Dann werden sie mit Heißkleber auf der Laternenfolie angebracht.

Zum Schluss wird die Laternenfolie mit Heißkleber hinter die Ausschnitte im Paravent geklebt.

# Kuschelige Teddys

## Nikolausstiefel

### Material

- 1 Styroporstiefel, ca. 14 cm hoch
- 1 Serviette mit Teddy (nicht zu sehen)
- 1 Serviette mit Geschenken
- Rest Krepppapier in Rot, 15 cm x 20 cm
- Modelliermasse
- Serviettenkleber
- Satinband in Rot, 0,3 cm breit, ca. 30 cm lang
- Windowcolor-Konturenfarbe in Silber
- Plusterfarbe in Weiß
- Bastelfarbe in Rot
- Strukturschnee
- Föhn

Grundieren Sie den Stiefel mit der roten Bastelfarbe. Am oberen Rand des Stiefels wird weiße Plusterfarbe aufgetragen und laut Herstellerhinweis mit dem Föhn aufgeplustert. Kleben Sie die Motive auf Modelliermasse und fixieren Sie sie dann auf dem Stiefel. Nun können Sie den Stiefel mit dem Strukturschnee und der Windowcolor-Konturenfarbe verzieren.
Das Krepppapier kleben Sie mit Heißkleber in den Stiefel. Jetzt können Sie ihn füllen und mit dem Satinband zubinden.

(Weiter auf Seite 24)

## Dose

(Abbildung auf Seite 22/23)

### Material

- 1 Styropordose, rund, ø 15 cm
- 1 Serviette mit Teddy
- Bastelfarbe in Rot
- Modelliermasse
- Satinband in Weiß, 0,7 cm breit, 20 cm lang
- Satinband in Rot, 0,7 cm breit, 15 cm lang
- Serviettenkleber mit Silberglitter
- Strukturschnee
- Windowcolor-Konturenfarbe in Schwarz

Grundieren Sie die Dose mit der roten Bastelfarbe. Für Nase, Mütze und Bommel werden entsprechend der Form große Stücke Modelliermasse geformt und von der linken Seite mit etwas Serviettenkleber angebracht. Kleben Sie dann den Teddy auf die Dose.
Tragen Sie den Strukturschnee laut Abbildung auf. Die Teddyaugen haben wir mit je einem Punkt Windowcolor-Konturenfarbe nachgemalt. Binden Sie das weiße Band zu einer Schleife, knoten Sie das rote Band um deren Mitte und fixieren Sie alles mit Heißkleber auf der Dose.

## Türschild

(Abbildung auf Seite 22/23)

Grundieren Sie das Schild mit der goldenen Bastelfarbe. Nach dem Trocknen wird der Krakelierlack aufgetragen. Ist dieser trocken, malen Sie die weiße Bastelfarbe darüber.
Schneiden Sie den Teddy und alle weiteren Motive aus. Die Teddynase, der Ball und die Mütze werden mit entsprechend großen Teilen aus Modelliermasse unterlegt. Bringen Sie nun alles auf dem Türschild an.
Die Geschenkschleife, der Würfel, der Baum und das Herz werden zusätzlich auf Modelliermasse angebracht. Dann werden sie auf den bereits auf dem Schild fixierten Motiven mit Serviettenkleber angebracht. Verzieren Sie die Mütze des Teddys lt. Abbildung mit Plusterfarbe.
Binden Sie das breite Band zu einer Schleife, knoten Sie die goldene Kordel um deren Mitte und kleben Sie alles mit Heißkleber unten an das Schild. Zum Schluss wird das Satinband als Aufhängung mit Heißkleber hinter dem Schild angebracht.

### Material

- 1 Türschild aus Holz, ø 18 cm
- 1 Serviette mit Teddy
- Modelliermasse
- Schleifenband in Rot/Gold gemustert, 4 cm breit, ca. 40 cm lang
- Goldkordel, ca. 0,1 cm breit, 20 cm lang
- Satinband in Rot, 0,7 cm breit, 40 cm lang
- Bastelfarbe in Gold und Weiß
- Serviettenkleber mit Silberglitter
- Plusterfarbe in Weiß
- Krakelierlack

# Schafe (Abb. auch auf Seite 1)

## Kerze in Lila

### Material

- 1 Blockkerze in Lila, 9,5 cm x 9,5 cm
- 1 Serviette mit Schafen, Tannen, Türmen
- Modelliermasse
- Serviettenkleber für Kerzen
- Kerzen-Pen in Gold
- Bouillondraht in Gold
- 5 Pailletten in Lila
- 4 Stabperlen in Gold, 0,5 cm lang
- Bastelfarbe in Gold

Bringen Sie außer den Schafen alle Motive auf Modelliermasse an. Die Ränder der Motive bemalen Sie nach dem Ausschneiden mit der Bastelfarbe, damit dort die Modelliermasse nicht zu sehen ist. Ziehen Sie die Pailletten und die Perlen auf den Bouillondraht und umwickeln Sie die Bäume nach dem Trocknen damit. Für das Schaf formen Sie die Modelliermasse zu kleinen Kugeln und bringen Sie sie von der linken Seite der Serviette mit etwas Serviettenkleber an. Dann befestigen Sie die Motive mit Serviettenkleber auf der Kerze. Zum Schluss können Sie die Muster mit dem Kerzen-Pen laut Abbildung aufmalen.

# Edle Weihnachtssterne

## Tischparavent

Schneiden Sie den Weihnachtsstern insgesamt sechsmal aus. Vier Sterne werden auf Windradfolie geklebt, einen Stern bringen Sie komplett auf Modelliermasse an.

Auf der Plastikscheibe wird der sechste Stern direkt angebracht. Den modellierten Weihnachtsstern kleben Sie mit Heißkleber etwas versetzt darauf. Mit Basteldraht hängen Sie die Scheibe in den Paravent.

Je zwei der Sterne auf Windradfolie werden mit Abstandsband versetzt übereinander auf die Laternenfolien geklebt. Anschließend werden diese mit etwas Heißkleber hinter den beiden äußeren Teilen des Paravents platziert. Zum Schluß können Sie die Motive mit Strukturschnee verzieren.

### Material

- 1 dreiteiliger Tischparavent in Silber, 17 cm hoch
- 2 Servietten mit Weihnachtssternen
- 1 Plastikscheibe mit Aufhängeloch, ø 10 cm
- Milchige Laternenfolie, 0,2 mm stark: 2 x 11 cm x 12 cm für Paravent, 4 x 10 cm x 10 cm für Weihnachtssterne
- Modelliermasse
- Serviettenkleber mit Silberglitter
- Dünner Basteldraht in Silber, ca. 10 cm lang
- Abstandsband
- Strukturschnee

## Kerzenständer

### Material

- 2 pyramidenförmige Kerzenständer aus Glas in Kupfer, ca. 9,5 cm hoch
- 1 Serviette mit Weihnachtssternen
- Modelliermasse
- Ultra Gloss-Farbe in Beige
- Serviettenkleber mit Silberglitter
- Kleiner Schwamm

Die Kerzenständer werden zunächst mit einem Schwamm mit der beigen Farbe betupft. Bringen Sie die Motive auf Modelliermasse an und kleben Sie sie nach dem Trocknen mit etwas Heißkleber auf das Glas.

Die Kerzenständer eignen sich übrigens auch sehr gut als kleine, weihnachtliche Vasen.

# Klein, aber fein

## Tischlaterne

**Material**

- 1 Tischlaterne aus Holz, ca. 20 cm x 14,5 cm x 20 cm
- 1 Serviette mit kleinen weihnachtlichen Motiven
- Modelliermasse
- Rest dünne Windradfolie, 0,2 mm stark
- Serviettenkleber mit Silberglitter
- Windowcolor-Konturenfarbe in Silber
- Bastelfarbe in Rot und Weiß
- Strukturschnee
- Abstandsband

Bemalen Sie die Laterne gemäß der Abbildung in Rot und Weiß. Schneiden Sie jeweils zwei Motive samt Rahmen zusammen aus und bringen Sie sie oben direkt auf der Tischlaterne an. Die angebrachten Motive werden nochmals auf Windradfolie geklebt und mit Abstandsband über den jeweilig passenden Motiven befestigt. Die restlichen Geschenke, Päckchen und Stiefel werden auf Modelliermasse gearbeitet und mit Heißkleber auf der Laterne befestigt. Zum Schluss tragen Sie den Strukturschnee auf und verzieren die Rahmenmotive lt. Abbildung mit der Konturenfarbe.

## Übertopf

**Material**

- 1 Übertopf in Rot, ca. 12 cm x 12 cm x 10 cm
- 1 Serviette mit kleinen weihnachtlichen Motiven
- Modelliermasse
- Serviettenkleber mit Silberglitter
- Bastelfarbe in Weiß
- Strukturschnee

Bemalen Sie den Übertopf laut Abbildung mit der weißen Farbe. Bringen Sie die Motive auf Modelliermasse an und kleben Sie sie mit Heißkleber auf den Topf. Zum Schluss können Sie den Übertopf mit etwas Strukturschnee verzieren.

# Nussknacker & Co.

## Plätzchenteller

**Material**

- 1 Holzteller, ø 20 cm
- 1 Serviette mit Nussknacker
- 1 Serviette mit Gebäck
- Modelliermasse
- Serviettenkleber
- Bastelfarbe in Grün
- Windowcolor-Konturenfarbe in Silber

Bemalen Sie den Rand des Plätzchentellers mit grüner Bastelfarbe. Schneiden Sie das Motiv entsprechend der Tellermitte aus und kleben Sie es auf.
Bringen Sie die Äpfel, Mandeln und Lebkuchen auf Modelliermasse an und kleben Sie sie noch vor dem Trocknen mit Servietten- oder Heißkleber auf den Tellerrand. Zum Schluss malen Sie die Verzierungen mit der Windowcolor-Konturenfarbe laut Abbildung auf.

## Karte

**Material**

- Rest Wellpappe in Grün, 29 cm x 15 cm
- Rest Metallfolie in Silber, 0,1 mm stark, 13,5 cm x 13,5 cm
- Rest dünne Windradfolie, 0,2 mm stark
- 3 Servietten mit Nussknacker
- Ultra Gloss-Farbe in Beige
- Abstandsband
- Serviettenkleber
- Reliefschere
- Kleiner Schwamm

Schneiden Sie die Metallfolie mit einer Reliefschere entsprechend der angegebenen Maße zu. Betupfen Sie sie mithilfe des Schwamms mit der Ultra Gloss-Farbe.
Schneiden Sie das Motiv aus und bringen Sie es auf der Metallfolie an. Nun bringen Sie die Serviette noch viermal auf Windradfolie an und schneiden nach dem Trocknen die einzelnen Schichten aus. Bauen Sie die Schichten nach vorne plastisch, entsprechend Ihrer räumlichen Vorstellung, auf. So wird z. B. bei der vordersten Schicht das Haus ausgelassen, da es im Hintergrund ist. Befestigen Sie die Schichten mit Abstandsband deckungsgleich übereinander auf dem ersten Motiv. Zum Schluss kleben Sie die Metallfolie mit den Motiven auf die Karte.

# Fröhliche Sternsinger

**Material**

- 1 Metalldose oval, 17 cm lang
- 3 Servietten mit Sternsingern
- Rest dünne Windradfolie, 0,2 mm stark
- Serviettenkleber
- Ultra Gloss-Farbe in Beige
- Abstandsband
- Strukturschnee
- Irisierender Glimmer
- Kleiner Schwamm

Grundieren Sie die Metalldose mit der Ultra Gloss-Farbe mit einem Schwamm. Bringen Sie das Motiv einmal auf der Dose an. Befestigen Sie das Motiv noch viermal auf Windradfolie. Nun bauen Sie es räumlich nach vorne auf, indem Sie die Teile im Hintergrund beim Ausschneiden weglassen. Dann werden die Motivteile deckungsgleich mit Abstandsband übereinander auf die Dose geklebt.